Imparare le Lingue

Il Sistema Veloce Per Imparare le Lingue in Maniera Semplice e Divertente!

Spagnolo, Portoghese, Francese, Inglese, Tedesco

Prof. Leonardo Ricci

Prof. Leonardo Ricci

Copyright © 2020

Sommario

Istruzioni del Metodo

Benvenuto in questo manuale pratico in cui imparerai tanti nuovi vocaboli in Spagnolo, Portoghese, Francese, Inglese, Tedesco in modo semplice e divertente!

Ti assicuro che questo testo non sarà per niente pesante, infatti ho creato questo sistema come un vero e proprio "gioco".

Il sistema è molto semplice…troverai delle divertenti ricette scritte prima nelle varie lingue "Spagnolo, Portoghese, Francese, Inglese, Tedesco" e subito dopo in lingua Italiana.

Dovrai attenerti a 5 semplici direttive da applicare, per ottenere il massimo vantaggio da questo manuale:

DIRETTIVA 1

Sfoglia velocemente il libro o scorri velocemente la versione elettronica per Kindle, senza leggere nulla, guarda semplicemente le immagini e i titoli delle ricette!

Devi essere molto veloce non perdere più di 30 secondi per ogni singola immagine!

…Una volta fatto questo esercizio basta così!

Riponi il libro in libreria o spegni il tuo Kindle (se hai acquistato la versione elettronica).

Hai appena fatto il primo grande passo!

Fai una pausa di 24 ore.

Bene, adesso è il momento di iniziare ad apprendere il testo!

Scegli quale lingua vuoi iniziare ad apprendere, facciamo l'esempio che tu decida di iniziare con lo SPAGNOLO, ecco cosa fare:

Leggi la prima ricetta, prima in Spagnolo per 2 volte e poi in Italiano per altre 2 volte. (non preoccuparti se non conosci la pronuncia di alcuni vocaboli, tra poco ti dirò come risolvere questo problema).

Adesso prendi nuovamente la prima ricetta in Spagnolo e prova a capire cosa significa ogni singola parola, cercando di fare mente locale con la traduzione in Italiano che hai letto.

Quando non ti ricordi il significato di una parola prova a riflettere per 10 secondi, se non ti viene in mente, aiutati con il testo tradotto in Italiano.

Quando riesci a decifrare l'80% del testo in Spagnolo senza sbirciare la traduzione in italiano, allora sei pronto per passare alla seconda ricetta in spagnolo, facendo lo stesso identico lavoro!

Mi raccomando cerca di non essere "maniacale", non provare a ricordare il 100% dei passaggi della ricetta, come ti ho accennato l'obiettivo sarà quello di apprendere i termini più importanti che ti permetteranno di decifrare l'intero testo.

DIRETTIVA 2

Non stare sul libro per più di 25 minuti al giorno, deve essere tutto facile e divertente proprio come un gioco.

Il mio consiglio è quello di dedicare 10-12 minuti per l'apprendimento di ogni ricetta.

DIRETTIVA 3

Ricordi che prima ti ho detto di non preoccuparti se non conosci la pronuncia dei vocaboli?

Ecco come risolvere:

Scrivi le singole parole (o frasi brevi) che non ti sono chiare su Google Traduttore, poi clicca l'icona in cui c'è raffigurato un altoparlante (come da immagine qui sotto), premendo questo pulsantino ascolterai la pronuncia corretta della parola in questione!

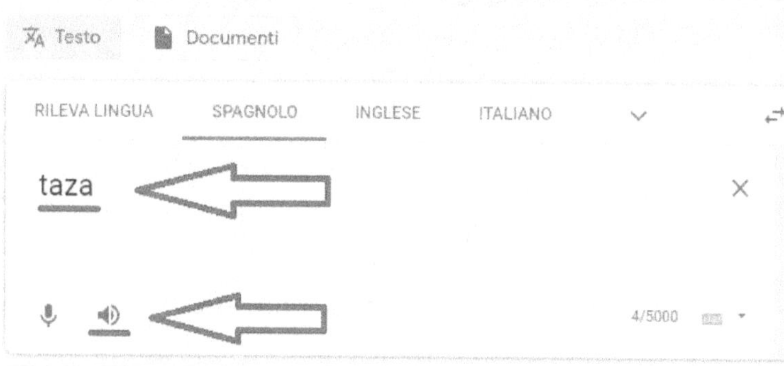

In questo caso stiamo facendo l'esempio con la lingua Spagnola, assicurati quindi di inserire il testo nella sezione del traduttore "Spagnolo" (come da immagine qui sotto)

Per trovare il traduttore basta scrivere sulla barra di ricerca Google "Google Traduttore" in ogni caso ti scrivo qui il link:

translate.google.it

Ti assicuro che questo è uno strumento fantastico per imparare a pronunciare le parole nel modo corretto senza spendere una fortuna in CD di audio-ascolto.

Bene, una volta che completi lo studio di tutte le ricette della prima lingua che hai deciso di studiare, sei pronto per passare alla prossima lingua e seguire lo stesso identico percorso!

Se hai bisogno di digitare i caratteri speciali come quelli in Spagnolo, Portoghese, Tedesco e Francese, ti consiglio di utilizzare il classico copia e incolla di questi caratteri….

…Proprio per questo, ho creato una pagina in Omaggio dove potrai fare copia e incolla di questi caratteri per utilizzarli sul tuo PC o sul tuo Smartphone.

Ti scrivo qui il link->
books2000.com/caratterispeciali

Ti basterà digitare questo link sulla barra degli Url direttamente dal tuo PC o dal tuo smartphone, come da immagine qui sotto:

DIRETTIVA 4

Una volta che finisci lo studio, prendi una ricetta qualsiasi di questo libro (quella che ti ha colpito maggiormente) e prova realizzarla utilizzando esclusivamente la versione in una lingua straniera che preferisci.

Potrai osservare la traduzione in Italiano solamente per 4 volte durate tutta la preparazione del piatto, per un massimo di 30 secondi per volta…

…Per il resto dovrai farcela da solo!

Ah mi raccomando NON BARARE!

DIRETTIVA 5

Divertiti!

Questo è un gioco, solamente alla fine ti renderai conto di tutto quello che hai imparato!

Adesso non ti resta che metterti al lavoro…

…Pronto? Si parte!

Rosquillas de coco

Ingredientes para 3 porciones :

- 4 huevos

- ½ cucharadita de bicarbonato de sodio

- ½ cucharadita de levadura en polvo

- ½ cucharadita de café

- 1/3 taza de leche de almendras sin azúcar

- 1 cucharada de stevia líquida

- 3 cucharadas de cacao amargo en polvo

- ¼ taza de aceite de coco

- 1/3 taza de harina de coco

Preparación paso a paso :

1. Precaliente el horno a 180 °C.

2. Engrase una sartén con aceite y póngala a un lado

3. Agregue todos los ingredientes en un tazón grande y mezcle hasta que se mezclen uniformemente.

4. Vierta la mezcla en el molde previamente preparado y hornee por 20 minutos.

5. Decorar con hojuelas de coco (opcional)

6. ¡ Disfruta tu comida!

Valores nutricionales por porción :

Calorías 312 kcal

Hidratos de Carbonio 11 g

Proteína 12 g

Grasa 15g

Coconut donuts

Ingredients for 3 servings:

- 4 eggs

- 1/2 teaspoon baking soda

- 1/2 teaspoon baking powder

- 1/2 teaspoon coffee

- 1/3 cup unsweetened almond milk

- 1 tablespoon liquid stevia
- 3 tablespoons bitter cocoa powder
- 1/4 cup coconut oil
- 1/3 cup coconut flour

Instructions:

1.Preheat the oven to 180 ° C.

2.Grease a pan with oil and set it aside

3.Add all the ingredients in a large bowl and stir until they will be mixed homogeneously.

4.Pour the mixture into the pan prepared earlier and bake it for 20 minutes.

5.Decorate with coconut flakes (optional)

6.Enjoy your meal!

Nutritional values per portion:

Calories 312 kcal

Net carbs 11 g

Protein 12 g

Fat 15 g

Kokosnuss Donuts

Zutaten für 3 Portionen:

- 4 Eier

- 1/2 TL Natriumbicarbonat

- 1/2 TL Backpulver

- 1/2 TL Kaffee

- 1/3 Tasse, Mandelmilch, ungesüßt

- 1 Esslöffel flüssiger Stevia

- 3 Esslöffel Kakaopulver, ungesüßt

- 1/4 Tasse Kokosöl

- 1/3 Tasse Kokosmehl

Vorgehensweise:

1. Backofen auf 180° Grad vorheizen

2. Eine Donut-Blech mit Öl einfetten und beiseitestellen.

3. Alle Zutaten in eine große Schüssel geben und verrühren, bis sie homogen vermischt sind

4. Die Mischung in das vorbereitete Donut-Blech einfüllen und für 15 Minuten im vorgeheizten Backofen backen.

5. Mit Kokosnussraspeln dekorieren (optional)

6. Guten Appetit!

Nährwerte pro Portion:

Kalorien 312 kcal

Kohlenhydrate 11 g

Protein 12 g

Fett 15 g

Rosquinhas com coco

Ingredientes para 3 pessoas

- 4 ovos

- 1/2 colher de chá de bicarbonato de sódio

- 1/2 colher de chá de fermento químico em pó

- 1/2 colher de chá de café moído

- 1/3 de xícara de leite de amêndoas sem açúcar

- 1 colher de sopa de adoçante líquido Stevia

- 3 colheres de sopa de cacau amargo em pó

- 1/4 de xícara de óleo de coco

- 1/3 de xícara de farinha de coco

Modo de preparo

1. Pré-aquecer o forno a 180°

2. Untar uma forma com óleo e reservar

3. Colocar todos os ingredientes em uma tigela grande e mexer até tudo incorporar em uma mistura homogênea

4. Despejar a mistura na forma untada e levar ao forno por 20 minutos

5. Decorar com coco ralado ou em flocos (opcional)

6. Aproveite!

Valores Nutricionais para 1 porção:

Calorias 312 kcal

Carboidratos 11 g

Proteínas 12 g

Gorduras 15

Beignets à la noix de coco

Ingrédients pour 3 portions:

• 4 oeufs

• 1/2 cuillère à café de bicabonate

• 1/2 cuillère à café de levure chimique

• 1/2 cuillère à café de café

• 1/3 tasse de lait d'amande non sucré

• 1 cuillère à soupe de stévia liquide

• 3 cuillères à soupe de cacao amer en poudre

• 1/4 tasse de huile de coco

• 1/3 tasse de farine de coco

Préparation:

1. Préchauffer le four à 180°C.

2. Huiler un plat allant au four et le mettre de côté

3. Ajouter tous les ingrédients dans un grand bol et bien mélanger jusqu'à ce qu'ils deviennent homogènes.

4. Verser le mélange résultant dans le plat préparé, mettre au four et faire cuire 20 min.

5. Décorer avec la noix de coco rapée (optionnel)

6. Bon appétit!

Valeurs nutritionnelles par portion:

Calories 312 kcal

Glucides 11 g

Protéines 12 g

Lipides 15 g

Ciambelle al cocco

Ingredienti per 3 porzioni:

- 4 uova

- 1/2 cucchiaino di bicarbonato di sodio

- 1/2 cucchiaino di lievito in polvere

- 1/2 cucchiaino di caffè

- 1/3 di tazza di latte di mandorle non zuccherate

- 1 cucchiaio di stevia liquida

- 3 cucchiai di cacao amaro in polvere

- 1/4 di tazza di olio di cocco

- 1/3 di tazza di farina di cocco

Procedimento:

1. Preriscalda il forno a 180°C.

2. Ungi una teglia con olio e mettila da parte

3. Aggiungi tutti gli ingredienti in una ciotola grande e mescola fino a quando non si saranno mischiati in modo omogeneo.

4. Versa il composto ottenuto nella teglia preparata in precedenza e infornala per 20 minuti.

5. Decora con scaglie di cocco (opzionale)

6. Buon appetito!

Valori nutrizionali per porzione:

Calorie 312 kcal

Carboidrati 11 g

Proteine 12 g

Grassi 15 g

Gachas de corazón de cáñamo

Ingredientes para 1 porción :

- ¼ taza de harina de almendras

- ½ cucharadita de canela

- 3-4 cucharaditas de extracto de vainilla

- 5 gotas de stevia líquida

- 1 cucharada de semillas de chía

- 2 cucharadas de semillas de lino molidas

- ½ taza de semillas de cáñamo

- 1 taza de leche de almendras sin azúcar

Preparación paso a paso :

1. Agregue todos los ingredientes a la cacerola y mezcle bien

2. Coloque la cacerola a fuego medio y cocine hasta que el contenido comience a hervir.

3. Revuelva nuevamente y cocine por otros 2 minutos después de hervir.

4. ¡Disfruta tu comida!

Valores nutricionales por porción :

Calorías 367 kcal

Hidratos de Carbonio 11 g

Proteína 18 g

Grasa 29 g

Porridge with hemp heart

Ingredients for 1 serving:

- 1/4 cup almond flour

- 1/2 teaspoon cinnamon

- 3-4 teaspoons vanilla extract

- 5 drops liquid stevia

- 1 tablespoon chia seeds

- 2 tablespoons ground flax seeds

- 1/2 cup hemp seeds

- 1 cup unsweetened almond milk

Instructions:

1. Put all the ingredients to the saucepan and mix well

2. Put the saucepan over medium heat and cook until the contents begin to boil.

3. Mix again and cook for another 2 minutes after boiling.

4. 4.Enjoy your meal!

Nutritional values per serving:

Calories 367 kcal

Net Carbs 11 g

Protein 18 g

Fat 29 g

Hanfherz- Porridge

Zutaten für 1 Portion:

- 1/4 Tasse Mandelmehl

- 1/2 TL Zimt

- 3-4 TL Vanilleextrakt

- 5 Tropfen flüssige Stevia

- 1 Esslöffel Chiasamen

- 2 Esslöffel gemahlener Leinsamen

- 1/2 Tasse Hanfsamen

- 1 Tasse ungesüßte Mandelmilch

Vorgehensweise:

1. Alle Zutaten in den Topf geben und gut umrühren

2. Setzen Sie den Topf bei mittlerer Hitze auf und den Inhalt aufkochen.

3. Nochmal umrühren und nach dem Aufkochen, für 2 Minuten weiterkochen lassen.

4. Guten Appetit!

Nährwerte pro Portion:

Kalorien 367 kcal

Kohlenhydrate 11 g

Protein 18 g

Fett 29 g

Papa de aveia com cânhamo

Ingredientes para 1 pessoa:

- 1/4 de xícara de farinha de amêndoas

- 1/2 colher de chá de canela

- 3 ou 4 colheres de chá de estrato de baunilha

- 5 gotas de adoçante líquido Stevia

- 1 colher de chá de Salvia Hispanica

- 2 colher de sopa de sementes de linho moídos

- 1/2 xícara de sementes de cânhamo

- 1 xícara de leite de amêndoas sem açúcar

Modo de preparo:

1. Colocar todos os ingredientes em uma panela e misturar bem

2. Levar no fogo médio e deixar cozinhar até ferver

3. Quando chegar no ponto de ebulição, misturar e cozinhar por 2 minutos mais

4. Aproveite!

Valores Nutricionais para 1 porção:

Calorias 367 kcal

Carboidratos 11 g

Proteínas 18 g

Gorduras 29 g

Bouillie de coeur de chanvre

Ingrédients pour 1 portion:

- 1/4 tasse de farine d'amandes

- 1/2 cuillère à café de cannelle

- 3-4 cuillères à café d'extrait de vanille

- 5 gouttes de stévia liquide

- 1 cuillère à soupe de graines de chia

- 2 cuillères à soupe de graines de lin muloues

- 1/2 tasse de graines de chanvre

- 1 tasse de lait d'amande sans sucres.

Préparation:

1. Ajouter tous les ingrédients dans la casserole et melanger bien

2. Mettre la casserole à feu moyen et cuire jusqu'à ce que le contenu commence à bouillir.

3. Mélanger et laisser cuire encore 2 minutes après l'ébullition.

4. Bon appétit!

Valeurs nutritionnelles par portion:

Calories 367 kcal

Glucides 11 g

Protéines 18 g

Lipides 29g

Porridge al cuore di canapa

Ingredienti per 1 porzione:

- 1/4 di tazza di farina di mandorle

- 1/2 cucchiaino di cannella

- 3-4 cucchiaini di estratto di vaniglia

- 5 gocce di stevia liquida

- 1 cucchiaio di semi di chia

- 2 cucchiai di semi di lino macinati

- 1/2 tazza di semi di canapa

- 1 tazza di latte di mandorle non zuccherato

Procedimento:

1. Aggiungi tutti gli ingredienti nella casseruola e mescola per bene

2. Metti la casseruola a fuoco medio e cuoci fino a quando non inizia a bollire il contenuto.

3. Mescola ancora e cuoci per altri 2 minuti dopo l'ebollizione.

4. Buon appetito!

Valori nutrizionali per porzione:

Calorie 367 kcal

Carboidrati 11 g

Proteine 18 g

Grassi 29 g

Cereales para un desayuno rápido.

Ingredientes para 1 porción :

- ½ cucharada de hojuelas de coco sin azúcar

- 1 cucharada de semillas de chía

- 1 cucharada de semillas de lino molidas

- 2 fresas medianas

- 15 g de nueces

- ½ cuchatadita de vainilla

- ½ taza de leche de coco

Preparación paso a paso :

1. Agregue todos los ingredientes excepto la leche de coco al tazón y mezcle bien.

2. Luego agregue la leche de coco y revuelva nuevamente.

3. ¡ Disfruta tu comida!

Valores nutricionales por porción :

Caloriás 308 kcal

Hidratos de Carbono 14 g

Proteina 8 g

Grasa 27 g

Cereals for quick breakfast

Ingredients for 1 serving:

1/2 tablespoon coconut flakes without sugar

1 tablespoon chia seeds

1 tablespoon ground flaxseed

2 medium strawberries

15 g pecan nuts

1/2 teaspoon vanilla

1/2 cup coconut milk

Instructions:

1. Add all the ingredients except the coconut milk in the bowl and mix well.

2. 2.Then add the coconut milk and mix again.

3. 3.Enjoy your meal!

Nutritional value :

Calories 308 kcal

Net Carbs 14 g

Protein 8 g

Fat 27 g

Müsli für ein schnelles Frühstück

Zutaten für 1 Portion:

- 1/2 Esslöffel zuckerfreie Kokosflocken

- 1 Esslöffel Chiasamen

- 1 Esslöffel gemahlener Leinsamen

- 2 mittelgroße Erdbeeren

- 15 g Pekannüsse

- 1/2 TL Vanille

- 1/2 Tasse Kokosmilch

Vorgehensweise:

1. Alle Zutaten mit Ausnahme der Kokosmilch in die Schüssel geben und gut umrühren.

2. Dann die Kokosmilch hinzufügen und erneut umrühren.

3. Guten Appetit!

Nährwerte pro Portion:

Kalorien 308 kcal

Kohlenhydrate 14 g

Protein 8 g

Fett 27 g

Cereais para um café da manhã expresso

Ingredientes para 1 pessoa:

- 1/2 colher de sopa de coco em flocos sem açúcar

- 1 colher de sopa de sementes de Salvia Hispanica

- 1 colher se sopa de sementes de linho moídos

- 2 morangos médios

- 15 g pecãs
- 1/2 colher de chá de estrato de baunilha
- 1/2 xícara de leite de coco

Modo de preparo:

1. Colocar totós os ingredientes salvo o leite de coco em uma tigela e misturar bem

2. Acrescentar o leite de coco e misturar

3. Aproveite!

Valores Nutricionais para 1 porção:

Calorias 308 kcal

Carboidratos 14 g

Proteínas 8 g

Gorduras 27 g

Céréales pour un petit déjeuner rapide

Ingrédients pour 1 portion

• 1/2 cuillère à soupe de flocons de noix de coco non-sucrés

• 1 cuillère à soupe de graines de chia

• 1 cuillère à soupe de graines de lin moulues

• 2 fraises de taille moyenne

• 15 g de noix de pécan

• 1/2 cuillère à café de vanille

• 1/2 tasse de lait de coco

Préparation:

1. Ajouter tous les ingrédients dans le bol sauf le lait de coco et bien mélanger.

2. Ajoutez ensuite le lait de coco et remuez à nouveau.

3. Bon appétit!

Valeurs nutritionnelles par portion:

Calories 308 kcal

Glucides 14 g

Protéines 8 g

Lipides 27 g

Cereali per una colazione veloce

Ingredienti per 1 porzione:

- 1/2 cucchiaio di fiocchi di cocco senza zucchero

- 1 cucchiaio di semi di chia

- 1 cucchiaio di semi di lino macinati

- 2 fragole medie

- 15 g di noci pecan

- 1/2 cucchiaino di vaniglia

- 1/2 tazza di latte di cocco

Procedimento:

1. Aggiungi tutti gli ingredienti tranne il latte di cocco nella ciotola e mescola bene.

2. Aggiungi in seguito, il latte di cocco e mescola ancora.

3. Buon appetito!

Valori nutrizionali per porzione:

Calorie 308 kcal

Carboidrati 14 g

Proteine 8 g

Grassi 27 g

Pudín de mil sabores

Ingredientes para 2 porciones :

- 1 taza y media de leche de coco

- 1 taza de frambuesas congeladas

- ¼ taza de aceite MCT

- 1 cucharada de vinagre de manzana

- 1 cucharadita de extracto de vainilla

- 3 gotas de Stevia

- 2 cucharadas de semillas de chía

- Bayas frescas para adornos (opcional)

Preparación paso a paso :

1. Combine todos los ingredientes en una licuadora.

2. Mezcle todo

3. Sirva frío con bayas frescas (opcional)

4. ¡ Disfruta tu comida!

Valores nutricionales por porción :

Calorías 318 kcal

Hidratos de Carbono 9 g

Proteína 7 g

Grasa 21 g

Pudding a thousand flavors

Ingredients for 2 servings:

- 2 cups coconut milk

- 1 cup frozen raspberries

- 1/4 cup MCT Oil

- 1 tablespoon apple cider vinegar

- 1 teaspoon vanilla extract

- 3 drops Stevia

- 2 tablespoons Chia Seeds

- Fresh berries (optional)

Instructions:

1. Put all the ingredients in a blender.

2. Mix everything

3. Serve cold seasoned with fresh berries (optional)

4. Enjoy your meal!

Nutritional value:

Calories 318 kcal

Net Carbs 9 g

Protein 7 g

Fat 21 g

Pudding-Millegusti

Zutaten für 2 Portionen:

- Eine halbe Tasse Kokosmilch

- 1 Tasse gefrorene Himbeeren

- 1/4 Tasse MCT-Öl

- 1 Esslöffel Apfelessig

- 1 TL Vanilleextrakt

- 3 Tropfen Stevia

- 2 Esslöffel Chiasamen

• Frische Beeren für Ornamente (fakoltativ)

Vorgehensweise:

1. Geben sie alle Zutaten in einem Mixer.

2. Vermischen Sie alles.

3. Mit frischen Beeren kalt servieren (fakultativ).

4. Guten Appetit!

Nährwerte pro Portion:

Kalorien 318 kcal

Kohlenhydrate 9 g

Protein 7 g

Fett 21 g

Pudim mil sabores

Ingredientes para 2 pessoas:

- 1 + 1/2 xícara de leite de coco

- 1 xícara de framboesas congeladas

- 1/4 de xícara de óleo MCT

- 1 colher de sopa de vinagre de sidra

- 1 colher de chá de estrato de baunilha

- 3 gotas de adoçante líquido Stevia

- 2 colheres de sopa de sementes de Salvia Hispanica

- Bagas frescas para decoração (opcional)

Modo de preparo:

1. Colocar todos os ingredientes em um processador

2. Processar

3. Servir gelado acompanhado por bagas frescas

4. Aproveite!

Valores Nutricionais para 1 porção:

Calorias 318 kcal

Carboidratos 9 g

Proteínas 7 g

Grassi 21 g

Pudding aux mille saveurs

Ingrédients pour 2 portions:

- 1 tasse et demie de lait de coco

- 1 tasse de framboises surgelées

- 1/4 tasse de huile MCT

- 1 cuillère à soupe de vinaigre de cidre

- 1 cuillère à café d'estrait de vanille

- 3 gouttes de stévia

- 2 cuillères à soupe de graines de chia

• Baies fraîches pour la décoration (optionnel)

Préparation:

1. Mélanger tous les ingrédients dans un mélangeur.

2. Mélangez tout

3. Servez-le froid garni de baies fraîches (facultatif)

4. Bon appétit!

Valeurs nutritionnelles par portion:

Calories 318 kcal

Glucides 9 g

Protéines 7 g

Lipides 21 g

Budino mille gusti

Ingredienti per 2 porzioni:

- 1 tazza e mezza di Latte di cocco

- 1 tazza di Lamponi congelati

- 1/4 di tazza di Olio MCT

- 1 cucchiaio di Aceto di mele

- 1 cucchiaino di Estratto di vaniglia

- 3 gocce di Stevia

- 2 cucchiai di Semi di Chia

- Bacche fresche per ornamenti (opzionale)

Procedimento:

1. Unisci tutti gli ingredienti in un frullatore.

2. Miscela tutto

3. Servilo freddo condito con bacche fresche (opzionale)

4. Buon appetito!

Valori nutrizionali per porzione:

Calorie 318 kcal

Carboidrati 9 g

Proteine 7 g

Grassi 21 g

Batido verde

Ingredientes para 2 pessoas:

- 2 xícaras de leite de amêndoas

- 30 g de espinafres

- 1 pepino

- 1 salsão

- 1 abacate

- 1 colher de sopa de óleo de coco
- 10 gotas de adoçante líquido Stevia
- 1 copo dosador de pó proteico de soja
- 1/2 colher de chá de sementes de Salvia Hispanica

Modo de preparo:

1. Bater espinafres e leite de amêndoas em um liquidificador
2. Mexer os restantes ingredientes salvo as sementes de Salvia Hispanica
3. Servir com as sementes como decoração
4. Aproveite!

Valores Nutricionais para 1 porção:

Calorias 325 kcal

Carboidratos 6 g

Proteínas 27 g

Gorduras 20 g

Green smoothie

Ingredients for 2 servings:

- 2 cups almond milk

- 30 g Spinach

- 1 Cucumber

- 1 Celery

- 1 Avocado

- 1 tablespoon coconut oil

- 10 drops liquid Stevia

- 1 scoop of soy Protein Powder (20g)

- 1/2 teaspoon Chia Seeds

Instructions:

1. Blend the spinach and almond milk together using the blender.

2. Mix the rest of the ingredients (except the chia seeds)

3. Serve by healing with chia seeds.

4. Enjoy your meal!

Nutritional values per portion:

Calories 325 kcal

Net Carbs 6 g

Protein 27 g

Fat 20 g

Grüner Smoothie

Zutaten für 2 Portionen:

- 2 Tassen Mandelmilch

- 30 g Spinat

- 1 Gurke

- 1 Sellerie

- 1 Avocado

- 1 Esslöffel Kokosöl

- 10 Tropfen flüssiger Stevia

- 1 Messlöffel Sojaproteinpulver (20 g)

- 1/2 TL Chia-Samen

Vorgehensweise:

1. Spinat und Mandelmilch mit dem Mixer vermengen.

2. Fügen Sie den Rest der Zutaten (mit Ausnahme der Chiasamen) hinzu

3. Mit Chiasamen garnieren und servieren

4. Guten Appetit!

Nährwerte pro Portion:

Kalorien 325 kcal

Kohlenhydrate 6 g

Protein 27 g

Fett 20 g

Batido verde

Ingredientes para 2 porciones :

- 1 tazas de leche de almendras

- 30 g de espinacas

- 1 pepino

- 1 apio

- 1 aguacate

- 1 cucharada de aceite de coco

- 10 gotas de Stevia líquida

- 1 cucharada de proteína de soja en polvo (20 g)

- ½ cucharadita de semillas de chía

Preparación paso a paso:

1. Mezcle la leche de espinacas y almendras con la licuadora

2. Mezcle el resto de los ingredientes (excepto las semillas de chía)

3. Sirva decorando con semillas de chía.

4. ¡ Disfruta tu comida!

Valores nutricionales por porción :

Calorías 325 kcal

Hidratos de Carbono 6 g

Proteína 27 g

Grasa 20 g

Smoothie vert

Ingrédients pour 2 portions:

- 2 tasses et demie de lait d'amande

- 30 g d' épinards

- 1 Cocombre

- 1 Céleri

- 1 Avocat

- 1 cuillère à soupe de huile de coco

- 10 gouttes de stévia liquide

- 1 doseur de poudre de protéines de soja (20g)

- 1/2 cuillère à café de graines de chia

Préparation:

1. Mélanger ensemble les épinards et le lait d'amande à l'aide du mélangeur.

2. Mélanger le reste des ingrédients (sauf les graines de chia)

3. Servir en guérissant avec des graines de chia.

4. Bon appétit!

Valeurs nutritionnelles par portion:

Calories 325 kcal

Glucides 6 g

Protéines 27 g

Lipides 20 g

Frullato verde

Ingredienti per 2 porzione:

- 2 tazze di Latte di mandorle

- 30 g di Spinaci

- 1 Cetriolo

- 1 Sedano

- 1 Avocado

- 1 cucchiaio di Olio di cocco

- 10 gocce di Stevia liquida

- 1 misurino di Polvere proteica di soia (20g)

- 1/2 cucchiaino di Semi di Chia

Procedimento:

1. Frulla insieme gli spinaci e il latte di mandorle tramite il frullatore.

2. Mescola il resto degli ingredienti (tranne i semi di chia)

3. Servi guarendo con i semi di chia.

4. Buon appetito!

Valori nutrizionali per porzione:

Calorie 325 kcal

Carboidrati 6 g

Proteine 27 g

Grassi 20 g

Granola de chocolate

Ingredientes para 5 porciones :

- 50 g de aceite de coco

- ¼ taza de cacao endulzado

- 2 cucharadas de edulcorante granulado

- 1 cucharadita de canela

- 400 g de coco rallado

- 50 g de semillas de calabaza

- 50 g de semillas de girasol

- 50 g de almendras

- 50 g de nueces

- 50 g de semillas de lino

Preparación paso a paso :

1. Mezcle aceite de coco, canela, edulcorante y cacao en polvo.

2. En una bandeja para hornear, junte las nueces, las almendras, las semillas y el coco. Vierta la mezcla de cacao creada en el paso anterior, mezcle todo bien.

3. Hornee por 20 minutos a 180 °C hasta que la mezcla se vuelva crujiente y marrón.

4. ¡ Disfruta tu comida!

Valores nutricionales por porción :

Calorías 437 kcal

Hidratos de Carbono 9 g

Proteína 26 g

Grasa 39 g

Chocolate granola

Ingredients for 5 servings:

- 50 g coconut oil

- 1/4 cup sweetened Cocoa

- 2 tablespoons granulated sweetener

- 1 teaspoon Cinnamon

- 400 g grated coconut

- 50 g pumpkin seeds

- 50 g sunflower seeds

- 50 g Almonds

- 50 g nuts

- 50 g flax seeds

Instructions:

1. Mix the coconut oil, cinnamon, sweetener and cocoa In powder.

2. Put all the nuts, almonds, seeds and coconut together in a baking dish .Pour with cocoa mixture created in the previous step, mix everything well.

3. Cook for 20 minutes to 180 ° C until the mixture becomes crisp and brown

4. Enjoy your meal!

Nutritional values per portion:

Calories 437 kcal

Net Carbs 9 g

Protein 26 g

Fat 39 g

Schokoladen-Müsli

Zutaten für 5 Portionen:

- 50 g Kokosöl

- 1/4 Tasse Kakao in Pulver

- 2 Esslöffel körniger Süßstoff

- 1 TL Zimt

- 400 g Kokosraspeln

- 50 g Kürbiskerne

- 50 g Sonnenblumenkerne

- 50 g Mandeln

- 50 g Walnüsse

- 50 g Leinsamen

Vorgehensweise:

1. Vermischen Sie Kokosöl, Zimt, Süßstoff und Kakao in Pulver.

2. Verteilen Sie in einem Backblech die Walnüsse, die Mandeln, die Kerne und die Kokosnüsse und vermischen alles gut mit der Kakaomischung aus dem vorherigen Schritt

3. Für 20 Minuten bei 180 Grad backen, bis die Mischung knusprig und braun wird

4. Guten Appetit!

Nährwerte pro Portion:

Kalorien 437 kcal

Kohlenhydrate 9 g

Protein 26 g

Fett 39 g

Granola de chocolate

Ingredientes para 5 pessoas:

- 50 g de óleo de coco

- 1/4 de xícara de cacau com açúcar

- 2 colheres de sopa de adoçante granulado

- 1 colher de chá de canela

- 400 g de coco ralado

- 50 g de sementes de abóbora

- 50 g de sementes de girassol

- 50 g de amêndoas

- 50 g de nozes

- 50 g de sementes de linho

Modo de preparo:

1. Mexer óleo de coco, canela, adoçante e cacau

2. Colocar nozes, amêndoas, coco e todas as sementes em uma travessa junto com a massa criada no passo anterior

3. Assar por 20 minutos em 180° ou até a massa ficar crocante e dourada

4. Aproveite!

Valores Nutricionais para 1 porção:

Calorias 437 kcal

Carboidratos 9 g

Proteínas 26 g

Gorduras 39 g

Granola au chocolat

Ingrédients pour 5 portions:

- 50 g de huile de coco

- 1/4 tasse de cacao sucré

- 2 cuillères à soupe d' édulcorant granulé

- 1 cuillère à café de cannelle

- 400 g de noix de coco râpée

- 50 g de graines de citrouille

- 50 g de graines de tournesol

- 50 g d'amandes

- 50 g de noix

- 50 g de graines de lin

Préparation:

1. Mélanger l'huile de coco, la cannelle, l'édulcorant et le cacao en poudre.

2. Mettre les noix, les amandes, les graines et la noix de coco râpée sur une plaque à pâtisserie, ajouter le mélange de cacao préparé à l'avance et mélanger bien.

3. Cuire pendant 20 minutes à 180° jusqu'à ce que le mélange devienne croustillant et marron

4. Bon appétit!

Valeurs nutritionnelles par portion:

Calories 437 kcal

Glucides 9 g

Protéines 26 g

Lipides 39 g

Granola al cioccolato

Ingredienti per 5 porzioni:

- 50 g di Olio di cocco

- 1/4 di tazza di Cacao dolcificato

- 2 cucchiai di Dolcificante granulato

- 1 cucchiaino di Cannella

- 400 g di cocco grattugiato

- 50 g di Semi di zucca

- 50 g di Semi di girasole

- 50 g di Mandorle

- 50 g di Noci

- 50 g di Semi di lino

Procedimento:

1. Mescola l'olio di cocco, la cannella, il dolcificante e il cacao

In polvere.

2. In una teglia, metti insieme le noci, le mandorle, i semi e il cocco e

versa il composto di cacao creato nello step precedente, mescola bene il tutto.

3. Cuoci per 20 minuti a 180°C fino a quando il composto non diventa croccante e marrone

4. Buon appetito!

Valori nutrizionali per porzione:

Calorie 437 kcal

Carboidrati 9 g

Proteine 26 g

Grassi 39 g

Muesli crudo

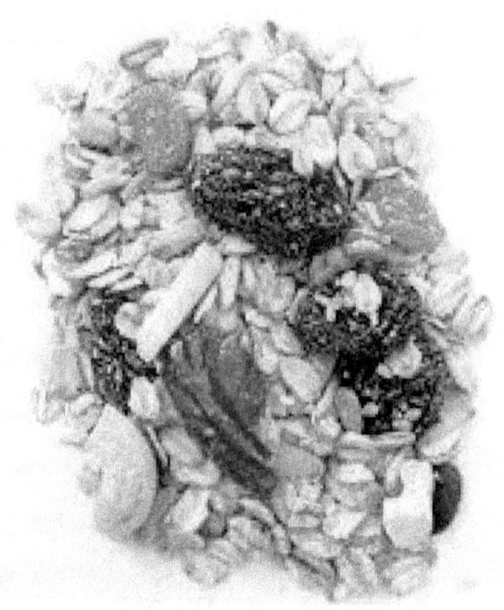

Ingredientes para 4 porciones :

- 2 tazas de coco rallado

- 1 taza de semillas de calabaza

- 1 taza de nueces

- 1 taza de semillas de girasol

- 1 taza de semillas de sésamo

- 1 taza de semillas de lino

Preparación paso a paso:

1. Combine todos los ingredientes y séllelos en un frasco hermético.

2. Sirva mezclándolos con la crema de coco.

3. ¡ Disfruta tu comida!

Valores nutricionales por porción :

Calorías 484 kcal

Hidratos de Carbono 9 g

Proteína 25 g

Grasa 42 g

Raw muesli

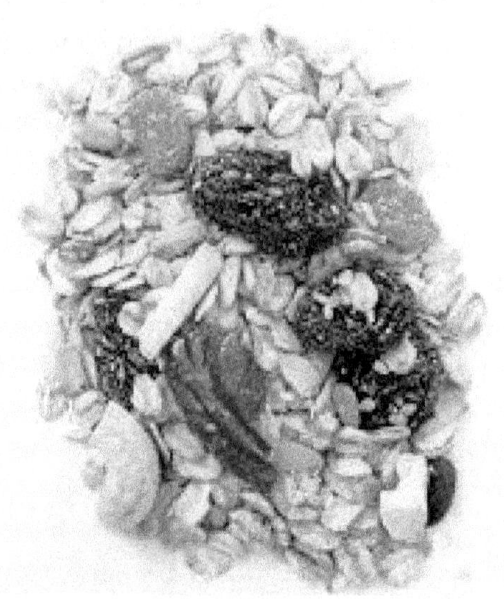

Ingredients for 4 servings:

- 2 cups grated coconut

- 1 cup pumpkin seeds

- 1 cup walnuts

- 1 cup sunflower seeds

- 1 cup sesame seeds

- 1 cup flaxseed

Instructions:

1. Put all the ingredients together and seal them in an airtight jar.

2. Serve by mixing them with coconut cream.

3. Enjoy your meal!

Nutritional values per portion

Calories 484 kcal

Net Carbs 9 g

Protein 25 g

Fat 42 g

Rohes Müsli

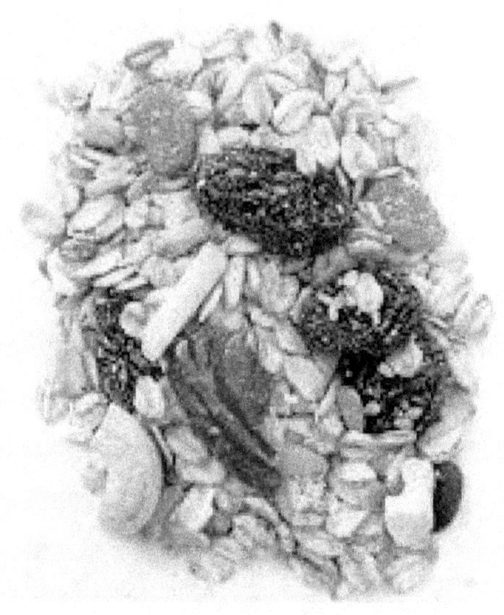

Zutaten für 4 Portionen:

- 2 Tassen Kokosraspeln

- 1 Tasse Kürbiskerne

- 1 Tasse Walnüsse

- 1 Tasse Sonnenblumenkerne

- 1 Tasse Sesam

- 1 Tasse Leinsamen

Vorgehensweise:

1. Alle Zutaten zusammengeben und in einem luftdichten Gefäß verschließen.

2. Servieren Sie mit einer Kokosnusscreme

3. Guten Appetit!

Nährwerte pro Portion:

Kalorien 484 kcal

Kohlenhydrate 9 g

Protein 25 g

Fett 42 g

Muesli cru

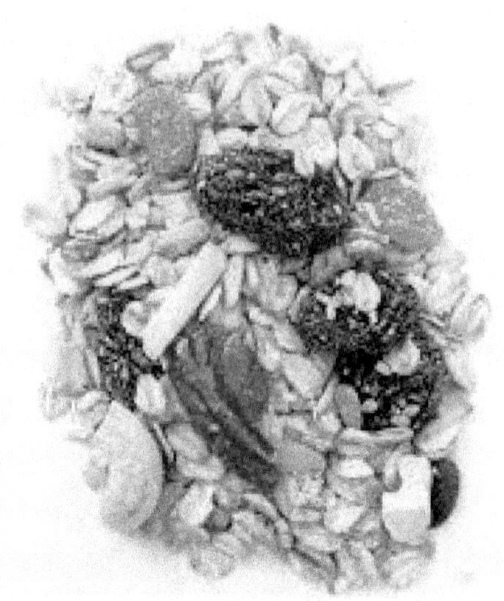

Ingredientes para 4 pessoas:

- 2 xícaras de coco ralado

- 1 xícara de sementes de abóbora

- 1 xícara de nozes

- 1 xícara de sementes de girassol

- 1 xícara de sementes de sésamo

- 1 xícara de sementes de linho

Modo de preparo:

1. Incorporar todos os ingredientes e colocar em um pote hermeticamente fechado

2. Servir com creme de coco

3. Aproveite!

Valores Nutricionais para 1 porção:

Calorias 484 kcal

Carboidratos 9 g

Proteínas 25 g

Gorduras 42 g

Muesli cru

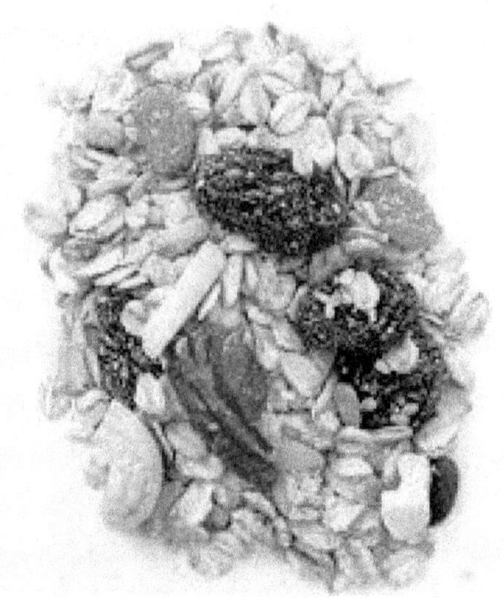

Ingrédients pour 4 portions:

- 2 tasses de noix de coco râpée

- 1 tasse de graines de citrouille

- 1 tasse de noix

- 1 tasse de graines de tournesol

- 1 tasse de graines de sésame

- 1 tasse de graines de lin

Préparation:

1. Mettre tous les ingrédients dans un bocal hermétique et fermer-le.

2. Mélanger avec la crème de coco et server.

3. Bon appétit!

Valeurs nutritionnelles par portion:

Calories 484 kcal

Glucides 9 g

Protéines 25 g

Lipides 42 g

Muesli crudo

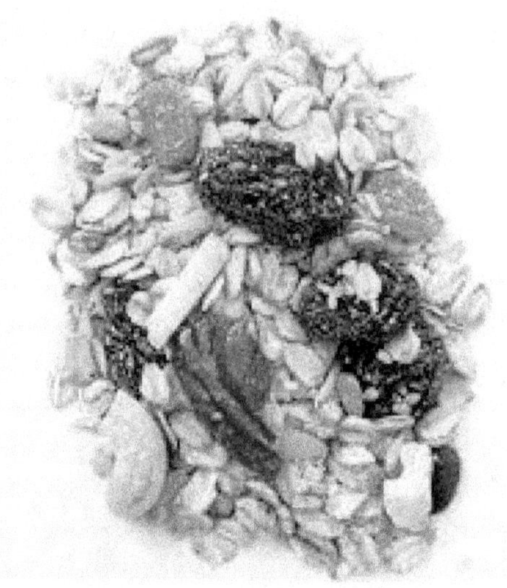

Ingredienti per 4 porzioni:

- 2 tazze di Cocco grattugiato

- 1 tazza di Semi di zucca

- 1 tazza di noci

- 1 tazza di Semi di girasole

- 1 tazza di Semi di sesamo

- 1 tazza di Semi di lino

Procedimento:

1. Unisci tutti gli ingredienti insieme e sigillali in un barattolo ermetico.

2. Servi mischiandoli con la crema di cocco.

3. Buon appetito!

Valori nutrizionali per porzione

Calorie 484 kcal

Carboidrati 9 g

Proteine 25 g

Grassi 42 g

Tortilla al horno con espárragos y gorgonzola

Ingredientes para 4 porciones :

- 220 g de espárragos

- 3 cebollas frescas

- 2 cucharadas de aceite de oliva

- 6 huevos

- 1 taza de leche de almendras

- Sal y pimienta según sea necesario

- ¼ taza de gorgonzola picada

Preparación paso a paso :

1. Precaliente el horno a 200 °C.

2. Cortar la parte verde de las cebollas frescas.

3. Corte y retire la parte rígida de los espárragos.

4. Coloque las verduras en una bandeja para hornear, vierta el aceite y cocine por 15 minutos en el horno.

5. Caliente el aceite en una sartén separada a fuego medio.

6. Luego bata los huevos con la leche de almendras, sal, pimienta y gorgonzola y vierta esta mezcla en la sartén (preparada en el punto 5) y deje que se cocine durante 2-3 minutos.

7. Agregue los espárragos y las cebollas a la superficie de la tortilla y cocine por otros 3 minutos.

8. Luego transfiera el contenido de la sartén al horno y continúe cocinando durante unos 10 minutos.

9. ¡ Disfrute tu comida!

Valores nutricionales por porción :

Calorías 251 kcal

Hidratos de Carbono 5 g

Proteína 13 g

Grasa 20 g

Baked omelette with asparagus and gorgonzola

Ingredients for 4 servings:

- 220 g asparagus

- 3 fresh onions

- 2 tablespoons olive oil

- 6 eggs

- 1 cup almond milk

- Salt and pepper

- 1/4 cup gorgonzola in pieces

Instructions:

1. Preheat the oven to 200 ° C.

2. Cut the green part of the fresh onions.

3. Cut and remove the bottom of the asparagus if it is stiff.

4. Put vegetables on a baking sheet, pour with oil and cook for 15 minutes in the oven

5. Heat the oil in a separate pan over medium heat.

6. Whisk the eggs with almond milk, salt, pepper and gorgonzola and pour this mixture in the pan (prepared in step 5) and cook for 2-3 minutes.

7. Add the asparagus and onions to the surface of the omelette (obtained in a pan) e cook for another 3 minutes.

8. Transfer the contents of the pan to the oven and continue cooking for about 10 minutes.

9. Enjoy your meal!

Nutritional values per portion:

Calories 251 kcal

Net Carbs 5 g

Protein 13 g

Fat 20 g

Gebackenes Omelett mit Spargel und Gorgonzola

Zutaten für 4 Portionen:

- 220 g Spargel

- 3 frische Zwiebeln

- 2 Esslöffel Olivenöl

- 6 Eier

- 1 Tasse Mandelmilch

- Salz und Pfeffer nach Bedarf

- 1/4 Tasse gehackte Gorgonzola

Vorgehensweise:

1. Backofen auf 200 °C vorheizen.

2. Schneiden Sie den grünen Teil der frischen Zwiebel ab.

3. Entfernen Sie den starren Teil des Spargels.

4. Geben Sie das Gemüse in ein Backblech, Öl hinzufügen und 15 Minuten im Ofen garen.

5. Das Olivenöl in einer separaten Pfanne bei mittlerer Hitze erhitzen.

6. Die Eier mit Mandelmilch, Salz, Pfeffer und Gorgonzola verquirlen und diese Mischung in die Pfanne (in Schritt 5 zubereitet) hineingießen und für 2-3 Minuten kochen lassen.

7. Den Spargel und die Zwiebeln auf die

Oberfläche des Omeletts legen und weitere 3 Minuten kochen lassen.

8. Geben Sie den Inhalt der Pfanne in den Backofen und lassen ca.10 Minuten weiterkochen

9. Guten Appetit!

Nährwerte pro Portion:

Kalorien 251 kcal

Kohlenhydrate 5 g

Protein 13 g

Fett 20 g

Omelete assada com espargos e queijo azul

Ingredientes para 4 pessoas:

- 220 g de espargos

- 3 cebolas frescas

- 2 colheres de sopa de azeite de oliva

- 6 ovos

- 1 xícara de leite de amêndoas

- Sal e pimenta do reino a gosto

- 1/4 de xícara de queijo azul em pedaços

Modo de preparo:

1. Pré-aquecer o forno a 200°

2. Cortar a parte verde das cebolas frescas

3. Cortar e retirar o fundo dos espargos se estiver duro

4. Colocar os vegetais em uma travessa, derramar o óleo e assar por 15 minutos no forno

5. Aquecer o óleo em uma frigideira em fogo médio

6. Bater os ovos com o leite de amêndoas, sal, pimenta do reino e o queijo azul e derramar esta mistura na frigideira. Deixar cozinhar por 2-3 minutos

7. Acrescentar os espargos e as cebolas na superfície da omelete e cozinhar por 3 minutos mais.

8. Mover a mistura da frigideira em uma travessa e continuar cozinhando no forno por aproximadamente 10 minutos

9. Aproveite!

Valorés Nutricionais para 1 porção:

Calorias 251 kcal

Carboidratos 5 g

Proteínas 13 g

Gorduras 20 g

Omelette au four aux asperges et gorgonzola

Ingrédients pour 4 portions:

- 220 gr d'asperges

- 3 oignos frais

- 2 cuillères à soupe de huile d'olive

- 6 oeufs

- 1 tasse de lait d'amande

- sel et poivre au besoin

- 1/4 tasse de gorgonzola coupé en morceaux

Préparation:1. Préchauffer le four à 200°C.

2. Couper la partie verte des oignons frais

3. Couper et enlever la partie dure des asperges.

4. Mettre les verdures sur une plaque à patisserie, verser l'huile sur le plaque et faire cuire pendant 15 minutes au four

5. Faire chauffer l'huile dans une autre poêle.

6. Battre les oeufs avec le lait d'amande, le sel, le poivre et le gorgonzola et verser le mélange dans la poêle (preparée au point n° 5). Faire cuire 2-3 minutes.

7. Répartir les asperges et les oignons sur le dessus de l'omelette et faire cuire 3 minutes encore.

8. Enfourrner le mélange et poursuivre la cuisson 10 minutes environ.

9. Bon appétit!

Valeurs nutritionnelles par portion:

Calories 251 kcal

Glucides 5 g

Protéines 13 g

Lipides 20 g

Frittata al forno con asparagi e gorgonzola

Ingredienti per 4 porzioni:

- 220 g di asparagi

- 3 cipolle fresche

- 2 cucchiai di olio d'oliva

- 6 uova

- 1 tazza di latte di mandorle

- Sale e pepe quanto basta

- 1/4 di tazza di gorgonzola a pezzetti

Procedimento:

1. Preriscalda il forno a 200 °C.

2. Taglia la parte verde delle cipolle fresche.

3. Taglia e rimuovi la parte rigida degli asparagi.

4. Metti le verdure su una teglia, versa l'olio e cuocile per 15 minuti in forno

5. Scalda l'olio in una padella a parte a fuoco medio.

6. Sbatti poi le uova con il latte di mandorle, sale, pepe e gorgonzola e versa questa miscela nella padella (preparata nel punto 5) e lasciala cuocere per 2-3 minuti.

7. Aggiungi gli asparagi e le cipolle sulla superficie delle omelette e cuocile per altri 3 minuti.

8. Trasferisci di seguito in contenuto della padella sul forno e continuare la cottura per circa 10 minuti.

9. Buon appetito!

Valori nutrizionali per porzione:

Calorie 251 kcal

Carboidrati 5 g

Proteine 13 g

Grassi 20 g

Huevos revueltos con queso

Ingredientes para 1 porción :

- 1/4 cucharadita de sal

- Una pizca de pimienta negra

- 1 cucharada de aceite de oliva

- ½ taza de queso crema

- 2 huevos

Preparación paso a paso :

1. Caliente el aceite a fuego medio,
   mientras tanto, rompa los huevos en un

tazón y agregue sal y pimienta, mezclando bien.

2. Cocine los huevos hasta la cocción deseada, luego agregue el queso crema encima y cocine por otros 2 minutos.

3. ¡ Disfruta tu comida!

Valores nutricionales por porción :

Calorías 429 kcal

Hidratos de Carbono 4 g

Proteína 22 g

Grasa 28 g

Scrambled eggs with cheese

Ingredients for 1 serving:

1/4 tsp salt

pinch of black pepper

1 tablespoon olive oil

1/2 cup Cream Cheese

2 eggs

Instructions:

1. Heat the butter or oil over medium
    heat, in the meantime break the eggs

into a bowl and add salt and pepper, stirring well.

2. Cook the eggs until desired and then add the cheese Philadelphia and extend cooking by another 2 minutes.

3. Enjoy your meal!

Nutritional values per portion:

Calories 429 kcal

Net Carbs 4 g

Protein 22 g

Fat 28 g

Rührei mit Käse

Zutaten für 1 Portion:

- 1/4 TL Salz

- Eine Prise schwarzer Pfeffer

- 1 Esslöffel Olivenöl

- 1/2 Tasse Frischkäse

- 2 Eier

Vorgehensweise:

1. Das Öl bei mittlerer Hitze in einer Pfanne erhitzen. In der Zwischenzeit die Eier in eine Schüssel geben und mit Salz und Pfeffer verrühren.

2. Kochen Sie die Eier bis zum gewünschten Garzeitpunkt, fügen Sie dann den Frischkäse hinzu und noch 2 Minuten kochen lassen.

3. Guten Appetit!

Nährwerte pro Portion:

Kalorien 429 kcal

Kohlenhydrate 4 g

Protein 22 g

Fett 28 g

Ovos mexidos com queijo

Ingredientes para 1 pessoa:

- 1/4 colher de chá de sal

- Uma pitada de pimenta do reino

- 1 colher se sopa de óleo de oliva

- 1/2 xícara de queijo creme

- 2 ovos

Modo de preparo:

1. Derreter a manteiga ou o óleo em fogo médio, no entanto partir os ovos em uma

tigela e acrescentar sal e pimenta do reino mexendo bem.

2. Deixar os ovos cozinhar até chegar ao ponto desejado e acrescentar o queijo na superfície. Cozinhar por 2 minutos mais.

3. Aproveite!

Valores Nutricionais para 1 porção:

Calorias 429 kcal

Carboidratos 4 g

Proteínas 22 g

Gorduras 28 g

Oeufs brouillés au fromage

Ingrédients pour 1 portion:

• 1/4 cuillère à café de sel

• une pincée de poivre noir

• 1 cuillère à soupe de huile d'olive

• 1/2 tasse de fromage frais • 2 oeufs

Préparation:

1. Faire chauffer l'huile à feu moyen , pendant ce temps casser les oeufs, ajouter le sel et le poivre et mélanger bien.

2. Faire cuire les oeufs jusqu'à la cuisson souhaitée, ajoutez le fromage crémeux et

allonger le temps de cuisson de 2 minutes.

3. Bon appétit!

Valeurs nutritionnelles par portion:

Caloriess 429 kcal

Glucides 4 g

Protéines 22 g

Lipides 28 g

Uova strapazzate con formaggio

Ingredienti per 1 porzione:

- 1/4 cucchiaino di Sale

- Un pizzico di Pepe nero

- 1 cucchiaio di Olio d'oliva

- 1/2 tazza di formaggio cremoso

- 2 Uova

Procedimento:

1. Riscalda l'olio a fuoco medio in una padella, nel frattempo rompi le uova in

una ciotola e aggiungi sale e pepe mescolando bene.

2. Fai cuocere le uova fino alla cottura desiderata, dopo aggiungi sopra il formaggio cremoso e allunga la cottura di altri 2 minuti.

3. Buon appetito!

Valori nutrizionali per porzione:

Calorie 429 kcal

Carboidrati 4 g

Proteine 22 g

Grassi 28 g

Budín de chía con arándanos

Ingredientes para 2 porciones :

- 12 cucharadas de semillas de chía

- 3 tazas de leche de almendras sin azúcar

- 1 taza de agua

- 5 gotas de edulcorante de stevia

- ¼ taza de arándanos

Preparación paso a paso :

1. Ponga todos los ingredientes en un tazón y mezcle.

2. Deje reposar la mezcla durante 5 minutos y luego revuelva nuevamente

3. Transfiera el tazón al refrigerator por al menos una hora.

4. Agregue los arándanos y sirva

5. ¡ Disfruta tu comida!

Valores nutricionales por porción :

Calorías 256 kcal

Hidratos de Carbono 6 g

Proteína 10 g

Grasa : 19 g

Chia pudding with blueberries

Ingredients for 2 servings:

- 12 tablespoons chia seeds

- 3 cups almond milk without sugar

- 1 cup water

- 5 drops stevia sweetener

- 1/4 cup blueberries

Instructions:

1. Put all the ingredients in a bowl and mix.

2. Let the mixture rest for 5 minutes and then mix again

3. Put the bowl back to the refrigerator for at least an hour.

4. Add the blueberries and serve

5. Enjoy your meal!

Nutritional values per portion:

Calories 256 kcal

Net Carbs 6 g

Protein: 10 g

Fat: 19 g

Chia-Pudding mit Blaubeeren

Zutaten für 2 Portionen:

- 12 Esslöffel Chiasamen

- 3 Tassen zuckerfreie Mandelmilch

- 1 Tasse Wasser

- 5 Tropfen Stevia-Süßstoff

- 1/4 Tasse Blaubeeren

Vorgehensweise:

1. Alle Zutaten in eine Schüssel geben und mischen.

2. Die Mischung 5 Minuten ruhen lassen und dann erneut umrühren.

3. Stellen Sie die Schüssel für mindestens eine Stunde in den Kühlschrank.

4. Heidelbeeren dazugeben und servieren

5. Guten Appetit!

Nährwerte pro Portion:

Kalorien 256 kcal

Kohlenhydrate 6 g

Protein: 10 g

Fett: 19 g

Pudim de Salvia Hispanica com mirtilos

Ingredientes para 2 pessoas:

- 12 colheres de sopa de sementes de Salvia Hispanica

- 3 xícaras de leite de amêndoas sem açúcar

- 1 xícara de água

- 5 gotas de adoçante Stevia

- 1/4 de xícara de mirtilos

Modo de preparo:

1. Colocar todos os ingredientes em uma tigela e misturar

2. Reservar a mistura por 5 minutos e misturar de novo

3. Levar a mistura de volta na geladeira por pelo menos uma hora

4. Acrescentar os mirtilos e servir

5. Aproveite!

Valores nutricionais para 1 porção:

Calorias 256 kcal

Carboidratos 6 g

Proteínas 10 g

Gorduras 19 g

Pudding de chia aux bleuets

Ingrédients pour 2 portions:

- 12 cuillères de graines de chia

- 3 tasses de lait d'amande sans sucres

- 1 tasse d'eau

- 5 gouttes de stévia comme édulcorant

- 1/4 tasse de myrtilles

Préparation:

1. Mettez tous les ingrédients dans un bol et mélangez.

2. Laisser reposer le mélange pendant 5 minutes puis remuer à nouveau

3. Transférer le bol au réfrigérateur pendant au moins une heure.

4. Ajoutez les myrtilles et servez

5. Bon appétit!

Valeurs nutritionnelles par portion:

Calories 256 kcal

Glucides 6 g

Protéines 10 g

Lipides 19 g

Budino di chia con mirtilli

Ingredienti per 2 porzioni:

- 12 cucchiai semi di chia

- 3 tazze di latte di mandorle senza zucchero

- 1 tazza di acqua

- 5 gocce di dolcificante stevia

- 1/4 di tazza di mirtilli

Procedimento:

1. Metti tutti gli ingredienti in una ciotola e mescola.

2. Lascia riposare il composto per 5 minuti e dopo mescola nuovamente

3. Trasferisci la ciotola nel frigorifero per almeno un'ora.

4. Aggiungi i mirtilli e servilo

5. Buon appetito!

Valori nutrizionali per porzione:

Calorie 256 kcal

Carboidrati 6 g

Proteine: 10 g

Grassi: 19 g

Conclusione

Bene…siamo arrivati alla conclusione di questo manuale pratico, sono sicuro che avrai imparato tantissimi nuovi vocaboli in Tedesco.

Ti assicuro che inconsciamente hai appreso tante nozioni che in qualsiasi circostanza ti faranno sentire "aperto" verso la lingua Tedesca.

Non sentirai più quella sensazione di "blocco" verso questa lingua!

Inoltre sono certo che ti sarai divertito a leggere e ad applicare almeno 1 di queste particolari ricette!

Siamo giunti alla fine di questo cammino, ti ringrazio con tutto il cuore per aver scelto questo libro.

PS: Ah…dimenticavo solo un'ultima cosa, per me molto importante…se ti è piaciuto questo manuale, ti chiedo gentilmente di lasciare una recensione a 5 stelle.

Lo so, per te significa perdere un minuto del tuo tempo, ma per me significherebbe molto e saresti di grande aiuto per tutto il lavoro da me svolto.

BUONA VITA!